JN437946

장미꽃 사랑

장미꽃 사랑

고방규 시집

을지출판공사

■ 시인의 말

오랜 세월 동안 묻혀 있는 나의 삶에 깔려 있는 한 가닥의 씨앗을 싹 틔울 수 있는 시간을 얻기 위해 먼 길을 돌아온 것 같습니다.

물처럼 맑은 시심(詩心)을 담을 그릇 하나하나 준비한 것도 고향을 떠난 지 어언 반평생이 지났습니다.

오늘도 마음속에는 고향의 향수가 흐르고 있습니다. 늘 그랬듯이 시작(詩作) 내용에도 고향의 향수가 많은 부분을 차지한 것도 이 때문입니다.

억새풀처럼 살아온 지난날들 마음 비워 놓고 파도를 헤치며 운무를 가르고 먼 바다의 햇살이 숨쉬는 곳으로……

바람 부는 강가에 흔들리는 풀잎에도, 들국화 향기 속에도, 문학을 꿈꾸던 소년 시절 바위틈에서 솟아나는 맑은 물처럼 미미하지만 우리 몸에 꼭 필요한 미네랄처럼 나의 詩를 통해 다시 찾고 싶어하는 마음의 양식이 되겠습니다.

늦게나마 여러 스승님의 든든한 버팀목과 수림문학 회원님들이 있어 첫 시집을 낼 수 있어 고마움을 전하며 조선영 시인의 특별한 배려에 감사드리며 항상 말없이 용기를 주는 사랑하는 부인과 가족에게 감사함을 전합니다.

마산 산호동 서재에서

고 방 규

차례

Contents

Contents

제4부 우물 속 초승달

Contents

제 1 부

사랑이 익어 갈 때

따스한 봄볕 품고 방긋 웃는 얼굴로
피어나는 꽃잎
완숙한 열매가 되기까지 인고의 세월 안고
사랑은 그렇게 익어 가지요.

기다리는 당신

새봄이
아지랑이를 타고 사뿐히 내려오면
살구꽃 피는 연못가에
소리 없이 찾아오던 나비

아지랑이 물러가고
버들강아지 춤추며 하늘거리는데도
나비는 보이지 않네

세월은 5월을 손짓하는데
영 나비는 보이지 않네
하늘엔 떠도는 뜬구름 뿐

다행히
나에겐 꿈이 찾아와
가슴속 연못가에 살구꽃 피게 하고
언젠가 돌아올 희망의 나비를 위해서리고

*나비 : 첫사랑

- 2004. 12. 13

사랑이란

사랑은
옥구슬 흐르는 물처럼 아름답다
맑은 물 노래처럼 그렇게 주는 것이다
시인은
따사로운 봄볕을 사랑이라 비유한다
봄의 계절을 아지랑이처럼 대가성 없이
뜨거운 여름에게 주듯 그렇게 아름답다
이른 봄
물소리와 여름 숲 속으로
푸름의 정열적인 사랑도
허수아비 손짓하는 가을
황금 들녘으로 흐르듯
사랑을 주는 것이 그렇게 아름답다
찾아온
소슬바람이 하늘 끝자락에 매달려
살갗을 간지르며 지나가듯
사랑은 그렇게 아름답다
숲 속에
고운 새소리처럼 사랑은 아름다운 것
사랑을 먹는 삶이 그렇게 아름답다

- 2005. 2. 24

장미꽃 사랑

내
그렇게 소중하던 당신을
당신 곁에 있어 당신을 보면서
소중한 걸 모르고 살아간 세월

내
당신을 가슴 시리게 사랑하면서
사랑한다는 한마디
벽오동 가지에 띄우지 못한 그 편지

내
무엇이 그렇게 내 가슴을 덮어 놓고
몰래 무거운 색칠을 했었지
파랑새 날아간 뒤 그 알량한 자존심 때문에

내
마음 깊은 곳에 늘 당신이 있었기에
세월에 취해 잎가림을 못했던 지난날들
너무나 가까운 곳을
먼 것처럼 까맣게 잊고 있었던 세월

내
한 송이 장미꽃 빈 가슴에 채우고
안겨 주지 못했지만
마음속 비껴가는 세월 앞길에는
늘 장미꽃이었지

내
당신 그리운 마음 호수에 가득 싣고
장미꽃으로 가득 채워
가슴앓이로 부서지는 삶 속에
오늘도 내게 들리는 당신의 종소리

- 2005. 3.

침대

무섭게 달려드는 밤안개
숨 쉴 새 없이
몸뚱이를 감싼다
사내는 그리움을 묻은 채 바닥에 엎드려
밀착하는데
빠르게 벽시계는 내려와
사내의 밸브를 잠근다
어제 먹은 솜사탕 냄새가 입 안에 아직 남아 있고

당신은 살포시 내 가슴에 잠이 드는데
창틈으로 달빛이 내려와
사내의 온몸을 두들긴다
사내는 몸부림치며 그대와 달콤한 향수 속에
방향키를 잃어버린 채 몸살을 앓고
사내는
푸름으로 옷을 갈아입고 나선다
문밖에
설익은 붉은 해망치가 번쩍이며
햇살을 들고 사내를 기다리고 있다

- 2005. 1. 6

첫사랑은 이렇게 떠났다

하늘빛 어리는 그림자
바라보며
호숫가에 돌팔매를
줄기줄기 나이테를 이루며
한줌 한줌 미풍처럼 멀어져 가는

그리웁고 아쉬움에 마음 조이며
흘러간 첫사랑
이렇게
가슴 자락 그림자만 남기네
메마른 가지에 매달리는 바람 소리처럼
소리 없이 흐르는 그리움
그림자모양 님을 붙잡지 못해

뒤따라온 발자국
애써 지우려 하지만
멀리서 바라보는 허수아비 빈 마음
헛기침 소리에
첫사랑은 이렇게 허무하게 떠나는가 보다

사랑이 익어 갈 때

사랑이 익어 갈 때 아픈 상처를 치유하듯
어려움을 견디며 그렇게 익어 가지요

그토록 힘들었던 갑신년 살붙이에 이루어 낸 사랑
시위를 떠난 화살처럼
속절없이 지나가는 고통과 시련
어려운 시절이었지요

더없이 힘든 세월 속에 웃음은 사라지고
한숨과 갈등 젖어 가는 마음속에
다행히 사랑이 찾아와 행복했던 삶

그나마 아름다운 추억은 가슴에 남겨두고
사랑의 아픔을 새기며 아름답게 익어 갔지요

일 년 모진 풍파 견디며 태어난 열매
우리 사랑 굳은 땅 고인 물처럼 견고해지고
마음에 새겨진 그대 사랑탑
누구도 지우지 못해 영원하리

봄이 오는 산자락 길목에 우리 사랑은
봄 소리 들으며 향기를 맡고
팽개치던 추운 북풍도
따스한 봄볕 품고 방긋 웃는 얼굴로
피어나는 꽃잎
완숙한 열매가 되기까지 인고의 세월 안고
사랑은 그렇게 익어 가지요.

- 2005. 2. 15

십오야 밝은 달

–8월 대보름

저 큰 눈 언제나
잔잔한 호수처럼 소리 내어
이 밤을 노래하고
시인은 노랫소리를 함께 읊어 본다

별님도 찾아와 노랫소리를 담고
시인은 묻는다
이렇게 호수처럼 잔잔하고 맑은 물소리 같은
청아한 빛을 낼 수 있냐고

저 눈빛 맑은 에메랄드 빛깔처럼
맑기에
눈빛은 말없이 거울처럼
맑고 고요한 빛으로 시인을 본다

그 눈빛 떠나지 못하고
시인은 간장이 녹을 듯 저려 오는
달빛에 기대어
청아한 속내를 들여다보며 마음 담아 본다

- 2004. 8. 15

어머니 사랑 2

일식 회덮밥 양장피 전골냄비 토스트
진수성찬 차린 음식상 받아
먹는 아이 그 아이의 마음
어머니의 진정한 사랑을 얼마나 알까?

끼니가 어려워 하루 반나절 굶은 식구
아이를 보고 어머니는 구운 고구마 건네주며
먹으라 아이에게 권한다
이때 어머니 배 속에 쪼르륵
소리 나는 것을 아이는 듣는다
아이는 먹지 못하고 그만 가슴이 메인다

아이 가슴 스치는 번갯불 같은 사랑
저리도 배고픈 어머니
자식만을 위해 인고의 아픔을 견디는 어머니
하해와 같은 사랑
자식은 그만 주저앉고 만다
골수까지 파고드는 사랑 말없이 느끼며
아이는 바람 가지 붙잡고 일어선다

당신이 영원한 사랑을 물을 때

세상에 영원한 게 어디에 있겠냐고
묻는다면 이별의 빛깔이 별꽃으로
노래했다고 말하겠어요

당신의 땀방울이
내 가슴에 젖을 때
무신의 세계에서 사랑을 배웠다고 말하겠어요

그대 손끝이 별빛을 잡고 있을 때
내 가슴에 강물의 노랫소리가 사랑의 피로
흘렀다고 말하겠어요

언제나 하늘빛 가득 이룬 사랑
얹힌 내 가슴에 닿을 때
그대만이 느끼는 사랑이었다고 말하겠어요

사랑이 무엇인지 몰랐던 나에게
바람처럼 스친 당신의 목소리가 마른 가지에
매달리는 나의 사랑을
소리 없이 일깨워 준 당신 비명이었다고 말하겠어요

그대의 밀알이 웃음으로 허공을 메울 때
호수처럼 잔잔한 미소로 파도를 일으킨 당신
내겐 영혼이었다고 말하겠어요

환한 햇싸라기 같은 당신의 웃음
어깨 너머로
넘쳐 날 때 꽃처럼 환해진 모습
내 가슴에 가득 담았다고 말하겠어요

그리운 당신의 얼굴 기다린 듯 나타났을 때
꽃처럼 반기니 겨울 서릿발 같은 마음도 사라지고
훈풍이 불어오는
내 눈부신 봄날이었다 말하겠어요

해돋이

붉은 융단을 깔아 놓은 듯
호수 같은 바다 건너편
아련히 보이며 감미롭게 쌓여 있는
운무 속 새해를 밝히는 용광로처럼 붉은 태양
노란자 같은 얼굴로 솟아오른다

유유히 떠 있는 통통배 소리에
내 가슴속 설레며 뛰고 감격스런 미소로
노란자 같은 태양을 꿀꺽 먹었다
비는 마음 지구촌 안녕을
우리의 건강과 행복을 빌고
말없이
아침바다는 포근한 어머니 마음으로
우리의 희망과 꿈을 싣고
느리게 태양을 나르고 있다
설레는 가슴 위로 날으는 갈매기 바라보며
우린 더욱 가깝고 더 뜨거운 정이 흘러
잊지 못할 신비한 건배의 복분주福分酒를 올렸다
해동 갑을……

상처

바다를 이고 일어서는 태양이여!
잔잔한 푸른 잔디밭
붉디붉은 융단 깔고
사랑하는 사람 기다리는

내 가슴속 솜처럼 잔잔한 파도 소리
저만큼 물러앉은 아침이 감로수를 머금은 듯
당신의 가슴속에 스며들고
청순한 잎 피고 꽃 피는 가지에
어느 날 잘려 나간 그 자리에

"옹이"
그 님이 남기고 간 깊은 마음속 상처를
바다는 말없이 다가와 송두리째
옹이를 소리 없이 덮어 준다

세월 언덕에 서서 융단 같은 정든 바다 바라보며
바다는 태양을 안고 남몰래 찾아와
살며시 마음 상처 씻어 주고 가지요

행복했던 그날

행복은
사랑이라고 그랬지
사랑을 먹고 사는
먹이사슬은 서로의 관심이래

가슴을
기대고 살 수 있는 따뜻한 온기가 오면
하나가 되는 몸
유난히도 힘든 시간들을 잘도 참으며
아름다운 세상을 꿈꾸었지

깊어가는
밤 푸르름을 입고
초승달 기울 무렵
풀벌레 정다운 이야기소리는
님의 얼굴 그리네

호롱불
새어 나오는 창틀 문 사이로
달빛 두 손 모으며

그 옛날 달빛 깔고 밟아 걷던 거리
님은 그리도 좋아했었지

그립던
마음에 고향 불러놓고
우린 마음속에 따뜻한 화롯불을 피워
초겨울 오기 전 훈훈한 보금자리를
가슴으로 새겨야지

함께 걸을 때

낙엽 지는 소리 홀로 안고
미소 짓는 얼굴로 당신 바라보며
당신의 손길이 내 가슴 상처를
시린 가슴으로 덮을 때

나는 당신의 포근한 사랑을 알았어요
산모퉁이 걸어올 때 하늘자락 덮고 내리는
하얀 눈길 우리 발등에 소복이 쌓이고

당신의 외투가 나를 감싸 안을 때
미풍으로 떨리던 가슴
당신의 온기가 내 몸에 퍼져 있고
그 발걸음
당신 발자국 덮고 지울 때
나는 당신의 부드러운 그 모습을 보았어요

우린 사랑의 갈증으로 바다가 마르고
사랑이 뜨거워 태산을 불태웠지
우린 처음 느껴 보는?
그 순간! 순희!

예전에는 미처 몰랐어요

아마 뜬구름은 아니겠지요
꿈속에 그리운 겨울연가처럼
달빛을 손안에 고이고이 붙잡아 두겠어요

지금도 당신 생각

시간도 다 떠나버리고
오랜 시간 속에 떠돌고 있는
그대 아픈 마음
허공에 뜬
한 줌의 구름만을 지치도록 밀고 가는 당신
당신이 머물렀던 곳은 공터가 된 지
오랜 세월 흘러
무성한 잡초는 오늘도 해거름 서녘
햇살을 주워 먹고
심술궂은 바람은 흙먼지 모퉁이를 스치며
그곳에 쓰러져 있는 앵두나무 한 그루는
아직도 잔뿌리가 붙어 있네

그때 당신이 함께 가는 길이 힘든다고
그래도 행복했었지! 내 마음속 꽉 찬 사랑이
눈송이 되어 하늘에 흩어져 춤추는 눈송이는
창공을 빽빽이 채워 내리고
살고 있는 집 마당에도
지붕 위에도 하얗게 내리고
그대가 서 있던 곳에도 눈이 내리네

좋은 집을 지었대

물 좋은
무학산 경치 좋은 곳에 순희의 집을 지었대
천 평도 넘는 넓은 집이래

소문 듣고 구경 오는 사람들이
좋은 산 물 좋고 공기 좋은 곳이라며
이렇게 맑은 공기로만 집을 지을 수 있냐고
쉬기 좋고 앉아 있거나 누워 있거나
드나들기 편하고 공기 마당 공기 벽 공기 문
살기 너무나 편안한 집이래

집을 짓느냐고
고생도 많이 했다고 놀랄 만한 일도 있다고
그럴수록 집은 더욱 아름답다
백 년은 끄떡없는 탄탄한 집이라고
무학산
찬이슬이 내리는 이 밤에도
살기 좋은 집을 두 팔로 살포시 안아 본다

그리운 님
– 동백꽃

모진 세월 견디면서
피는 건 힘들어도
지는 건 쉽게도 떨어지나요

그 님은
한마디 말도 없이
여운도 남기지 않은 채
돌아보지도 않네요

떠난 님
처음 내 마음에 피어날 때
기다리는 그 님의 모습처럼
가슴 저미는
그런 열정이면 좋겠네요

꽃 필 무렵
그렇게 수줍더니만
가는 건
바람처럼 순간이대요

내 마음속 꽃이여
하나 잎
남기지 않고 그렇게 가나요

- 2005. 5

백마강 1

눈이 시린 맑은 물
속살까지 보여 주는 달빛 어디선가
그림자 하나 백사장을 메우고
수없는 나날을 그리움에 잠 못 이룬
애끓는 심정

상사화 전설처럼 님 보지 못했지만
살바람이 실어 오는 애틋한 정
목멘 가슴에 채우지요
행여나 부질없이 막연한 기다림에
누가 봐주지 않는데 떨리는 손 창문을 열어
설레는 빈 마음만 백사장에 심지요

졸리는 별빛만 하나 둘 가슴에 담아
밤새 뒤척이다 애써 붙잡으려 하지만
전설로 떠나버린 꿈결 속의 님이여
떨리는 그리움으로 돌아보니
막연히 기다리는 생각 속에
달빛마저 점점 강물에 스며들고 있다

백마강 2
– 구교리

천 년 고찰 고란사의 고란초
떨어지는 약수 한 사발 님의 손길
구교리에 적막을 깨는 달빛 사이로
애끓는 백마강 동천에 한가로이
떠 있는 나룻배

님이 손잡아 주던 한 고개 한 고개
낙화암 고갯길 손짓하며 바람 소리에 물었지요
백마강에 떠 있는 나룻배 사연 아느냐고
꽃잎처럼 낙화암에 날리던 궁녀들
그리운 님 있었기에 행여나 남몰래 물속에 만나볼까

밤안개 속에 떠 있는 나룻배 사연
나는 알 듯 모를 듯 사연 안고 물빛으로 빠지고 있다
그 끝 보이지 않게 누워 있는 백사장
맨발로 걷던 발자국 자꾸만 아쉬운 듯 따라오고
님과 함께 조개껍질 줍던 자리엔
물결이 파도가 되어 지우고 가네

마음은 본디 거울인데

진정 아름다운 것은 마음이야
황진이보다 더 예쁜 당신이라고
금강산보다 더 아름다운 당신이라고
진주알보다 더 귀한 당신이라고

당신은 이런 사랑에 빠져 봤냐고
허우적거리며
사람들은 이런 사랑에 빠져 본 듯하면서
아닌 듯 네모난 얼굴을 거리에 내걸고 있다

위선인 자아를 모르는 것처럼
하늘에 삿대질하고 발바닥을 핥고 있다

시궁창에 빠져 있어도
연꽃 같은 당신을 생각하며
청잣빛 같은 청아한 당신을
그냥 마음속에 담아 두고

어느 착한 놈이 찾아와서
개 같은 소리를 질러 댄다

개새끼가 서쪽으로 머리를 두고 짖는 것은
착한 척 하는 당신을 보고 짖는 것이라고

시치미 떼고 방문을
노크하고 초인종 누르는 당신
그러나 사랑에 빠진 당신의 상처를 묻지 않겠다
"본디 마음은 거울 같은 건데"

사랑은 그렇게

그렇게
그리워하는 이가 있으면
그렇게
연민하는 이가 있으면

그이를
그냥 그렇게 내버려 두시오
그이가 마음을 같이 할 인연이라면

그이는 당신에게
보이지 않는 끈을 놓지 않을 겁니다
혹!
그이가 잊혀진 타인으로 남는다면

애당초 그이는
당신의 메마른
가슴의 혼불이 아니었을 겁니다
"……"
사랑은 그렇게 가지요

첫눈이 오면

당신이
창문에 다가서 커튼을 열며
하는 말 눈이 내린다
그날
당신은 창밖에 푸른 소나무 위에
쌓이는 하얀 눈 바라보며
그리도 즐거워했지
저
아름다운 은막의 세계에서
투명한 눈으로 보고
우린 황홀한 무호흡 상태에 빠져
사랑탑을 쌓았지
서로의 사랑이 깊이 뿌리박고 있어
황홀한 만큼 어려움도 잘 극복했지

이젠 숙성된 사랑
오작교 만남은 영원한 추억으로 감추고
마음의 보금자리는 더욱 따뜻해
바위보다 더 단단한 사랑노래 부르리

제 2 부

힘들었던 세월

향기는 희망을 싹 틔운 나무 힘처럼
온몸을 태워서 눈에 띄려고
태양과 눈맞추며 속살 드러내어 유혹하고
그리움만 나에게 전해 온다

난초

작은 흙더미 속에서
시름 달래며
넓은 세상 그리던 마음
겨우내 작은 기다림에
그 님을 꿈꾸었네

새봄 돌아오면
수줍은 향 날리며
연녹색 머금는
청순한 그 얼굴

사랑하는
그윽한 미소에 매료되어
살포시 겉옷 벗는 순결한 몸
속살 바라보니
가난한 마음 눈 녹듯 녹아난다

진한 그 향기에……

봄날에

처마 밑에 매달려 있는 봄 자락
마당에 따뜻한 햇싸라기로 쏟아지고
벌써 봄이 농 익어 가는 소리 들린다

하늘거리는 보리밭에도
파르스름 돋아나는 나뭇잎 위에도
햇싸라기는 풍년처럼 쏟아지고 있다

햇비린내에 푹 빠진 복사꽃 마을에
고달픈 하루 일과에도
한 곡조 노래 실어 보내고 싶다

고향의 풍경을 노래하고 싶은
추억은 사라져도 기억은 남고

눈부신 햇살지기 등지고 꽃잎은
바람에 날리고 있다

태풍 매미

해일은
썩어만 가는 내부를
바닥까지
뒤집었다
반백 년 불치병 체증을

대개혁적인 인사 이동을
단행했기에
고정관념처럼 여기던 그곳
안전한 그곳에만 놀던 광어 도다리

이제는 먼바다로 보내야 했다
윗물에만 떠 있던 숭어는
해일 망치바람에 뭍으로 올라와

나이트클럽 밴드 맨 무대까지 출연하여
한바탕 기타를 튕기며
춤을 준다

아픔을 안고 통곡의 비명은 곳곳에
아우성쳤다
뭍으로 인사 이동된 숭어는
적응되지 않아 숨쉬기 힘들어
허섭스레기 되고

언젠가는 민중 같은 해일이
한 번쯤 일어설 줄 알았다
참된 가르침이여

봄비

긴 처마 끝에
밤새도록 들려오는 태고의 선율
간밤에 선잠에서 일어난다
선머슴 같은 아이들 계절
물안개 걷히고 나면
천진한 마음속에 아름다움만 피어나고
고개 든
가지가지 어린 손들
소나무 잎 끝마다 은방울
영롱한 햇살 받아
아름다운 숨소리로
알알이 영근
구슬처럼 맺혀 있다
활개치듯 어린 생명들
구름방석 위 앉아 방실대는
혹독한 긴 어둠 속 뚫고 나와
봄비를 맞으며
온 세상 어디에나

온전히 피고 있다

신록

산이 부르는 소리에 비켜 가는
솔바람을 안고 뒷산에 올랐다
산새들은 노래를 부르고
그 고운 소리가 내 곁에 들려오고 있다
따사로운
햇빛을 걸치고 종다리 한 쌍
무지갯빛 화장하고
봄바람 휘휘 감으며
춤을 추며 노닐고

어제도 산새들이 노래하고
신록도 춤을 추며
신명 나게 놀았던가 보다
솔밭 속 도란도란
이야기 소리가 난다
어제 이사 온 자작나무
가족과 이마를 마주 대고
정다운 시간 보내는 소리인가 봐

봄볕

창을 열고
봄볕을 바라보니
저만치 새 생명이
아지랑이 손잡고
초원을 거닐며 하늬바람을 쐬이고

종다리
놀이마당
봄볕에 노랫소리를 달군다

따사로운
봄볕은 세월을 낚고
새 생명을 잉태시키며

저마다 바쁜 세월을 낚는다

파도 1
– 동해

먼 길 달려온 몸이지만
그대 모습 그리도 웅대한 힘을 가지고 있구나
깨알 같은 세상 금방이라도 삼킬 것 같은
용맹스런 날갯짓 아름답다

바위도 삼킬 것 같은 안개비 뿌리며
물보라 높이 포말로 부서져도
너의 모습은 아름답다
세상 오욕 한입에 삼킬 것 같은
너의 큰입 울부짖음 웅대함도 아름답다

강렬한 너의 모습
시퍼렇게 부딪치며 깨지고 바위 멍들어도
너의 모습 거울같이 맑고 아름답다

수평선 너의 모습 한 아름 안아보고 싶은 마음
시린 가슴 체중까지 내려가고 있구나
웅대한 나래짓은 나를 송두리째 삼키고
희망의 나라로 토해 내는 파도여 아름답다

힘들었던 세월

–갑신년

마른기침으로 새벽을 연다
갑신년 생애 지울 수 없는 힘든 세월이었다
너무 많은 상처를 남기고 지나온 시간들
왠지 구멍이 뚫린 것처럼 허망한 세월
잃은 세월 뒤안길에는 희망을 얻는 부분도 있었다

그렇게 긴 세월 같던 모진 시간들
세월 바쁘게 보냈지
그토록 순간으로 지나가는 것을
그렇게 아프게 보냈지
마음에 꽉 찬 욕망이라 아니하겠니

추억을
이 언덕에 내려놓고 춤추는 바다 바라보면
바다는 저리도 마음 열어 놓고
포옹하듯 기다리고 있는데

향기는 희망을 싹 틔운 나무 힘처럼
온몸을 태워 눈에 띄려고

태양과 눈맞추며 속살 드러내어 유혹하고
그리움만 나에게 전해 온다

숨가쁘게 달려온 삶
성실하고 반듯하게 사는 게 생활에 묻어 있는데
혼자 헤치기엔 너무 힘든 세월이었다

용기 있게 조용히 눈을 감고 거친 파도를 짊어져 본다
도전의
항해에 돛을 달고
모든 것 다 잃어도 희망만은 잃지 않으리라

- 2004. 4

만추
–빈 들

들녘에
어둠이 스러져 간다
떨어지는 낙엽 소리
소슬바람에 고개 숙이고
들녘을
호령하며 새 쫓던 허수아저씨
왠지 모르게 무척이나 수척해 보인다
하나 둘
하얀 이불 속으로 비지땀들을
걷어 감춰 들어가고 있다
혹독한
추위를 어떻게 견딜까?
풍광을 자랑하던 허수아저씨
밀짚모자가 이제는 왠지 낯설게 보인다
세월은
멀리 호령하는
허수아저씨에게 말을 듣는다
힘없는 손짓으로 누군가를 찾고 있다고
어둠이 내리는 들녘에 유성만이 흐른다

빈 바다

내
해풍에 몸 맡기니
쪽빛 바다 금빛 모래알
보리밭 길 물결 같다
환상의 너의 얼굴
내
일찍 일어나 너의 얼굴 보고 있노라니
밤샘 쉬지 않고 달려온
검붉게 멍든 너의 얼굴 유난히 지쳐 보인다
내
인고의 세월 안고 살아온
너의 마음이 이런저런 갈등
말없이 쓰러져 갈 때 나는 갈증을 느낀다
내
살아온 고뇌를 이제는
삶의 굴레 속에 벗어던지고
내
빈 가슴 빈 마음으로 너의 곁에 달려가고 싶다

태풍 루사가 남긴 소품

지난번 큰 비바람
「루사」에 집안 물건들
흠뻑 젖었다
햇빛 불러 내어 젖은 장작 태우는데
골목을 지나니
이런 물난리 없으면
햇빛의 고마움을 모를 것이다

할매들의 쪼글쪼글해진 가슴을 쬔다
해지고 축축해진 가죽들
휘어진 나무 문짝 사이로 오래된 관절이
비명 소리를 내며 넘어진다

그동안
당신도 많이 긁히고 늙으셨군요
강렬한 햇빛 사이로
서로 몸을 비비다가
몰라보게 핼쑥해진 당신을 보고 아는 체한다

이뿐이 몸조심
빛쪽으로 살며시 돌려주며
예년만해도 튼튼한 탁자다리가 빠졌다
색채가 변하고 퇴색된 허섭스레기

구입한다는 것은 엄두도 내지 못했던 가난
오랜 세월 동안 오게 한 음지의 가죽
햇살에 팽팽해진 얼굴들이다

홍시

성큼성큼 다가와
살찌우는 가을 하늘
빨강 잎새처럼 매달려

처마 밑
더듬고 가는
서늘한 만추 바람
누가 보는 이 없어도

창문 열고 다가와
묻기만 해도 빨개지는

그 얼굴 수줍어
어제 오신 님이
또
오셨나 보다

낙조

끝없이
이어지는 황야의 뻘밭은 말없이
오늘도 새 생명이 잉태한다
어제 쓸고 간 썰물이 그렇게 쓸쓸하더니만
이제는 새 생명을 한 아름 싣고
군마처럼 밀려온다

거칠어 보이는 황량하기만 한 갯벌은
그저
펼쳐져 있는 듯한 수평선
아기자기한 게들은 옆걸음으로 옹기종기
사랑을 쏟아내고 있다
둥지를 튼 게들은 벌겋게 갯벌을 물들이고

큰바람 쓸고 간 황량한 갯벌엔
억척 같은 생명체들이 삶을 나누고
황혼의 붉은 낙조는 게들의 둥지를
아는지 모르는지 그리움으로 곱게 물들이며
고향 집으로 돌아간다

매미 1

삼복三伏
대지를 갈라놓을 듯 찌는 불볕 속에
위엄을 자랑하듯 치솟아 있는 낙락장송
녹음방초 짙푸른 물결 속에
당신은 신선 되어 음률을 고조시키고
가락가락 흘러 나오는 음률은
뼛속의 아픔인가 기다림의 슬픔인가
그리움의 환상인가 어둠 속 깊은 곳에

칠 년을
갈고 닦은 음률이건만
받아주는 밝은 세상 밖에는
환희의 디딤돌에 서서
몸을 휘감는 혹독한 더위와 자연의 진리 앞에
돌아보는 나의 모습

칠 일의 짧은 시간 너무 애닯다 소리 높인
심장까지 파고드는 애절한 곡조

바위 섬
– 기다림

표정 없는 그대에게
목을 축이며 내리는 빗소리
대지 위 새싹은 춤추고
오늘도 속삭이며 구름과 함께 지나간다
구름 위에는 그리운 파도가 넘실거리고

무인도 아득히 손 뻗으면 닿을 섬
백모래 밭길에 누우면
무릉도원武陵桃源 따로 없네
사시사철 그리움만 안고 썰물로 밀려가고
또 밀려오고 여인네 웃음처럼 파도가 속삭인다

언젠가는 거친 파도가 밀려와도
그대 목소리 머문 곳으로
그리움에 얼굴 묻고 파도는 밤을 새운다
몸살로 뒤척이다 허옇게 새운 밤
그대 흔들림 없이 오늘도
그리움만 기다리네

벚꽃 1

세찬 바람 소리 너무 추워
나목은 서로를 부둥켜안고
협주곡 오케스트라를 연주한다

가슴속에 피가 흐르고
조용한 떨림이 들린다
환호하며 희열을 느끼는 군상들
오늘을 위해
견디어 온 긴 시간들

나목은 함박눈꽃을 뒤집어 쓰고
수많은 독침세례를 받고도 활짝 웃는 모습
그만……
휘몰아치는 바람결에 눈물을 싣고
희디흰 꽃잎은
대지 위에 입 맞추며 나뒹굴고 있다

뿌리는 함박눈의 깊은 뜻 알지 못하니
함박눈 밀알이 되어
피는 가지가지 고사리 손 또 잉태하게 한다

벚꽃 2

아침 공기는 아직도 차가운데
아이들 아랫도리 오정대는구나
꿈나라 마음들 구름 따라 노네

넘어져 다쳐도 아랑곳하지 않는
티 없이 맑디맑은 미소들
천진스럽다
맑은 얼굴
마른 가지마다 간밤에
님 오셨다 가셨나
부푼 가슴 풍선처럼 커졌네

금방이라도 터질 것 같은
그대 향기 들으려고
빙그레 미소 짓는 우리 님
꽃 가슴 울리며 오시는 길
서방님 미운 마음으로 오신다 해도
님 향기 변함없이 맞이하네

*벚꽃축제 꽃과 벌

별들의 놀이

고개 춤
올려본
가을밤 나의 하늘
반짝이는 기쁨 어린 얼굴들
하루하루
빛을 모아
밤마다
하늘나라 촘촘히 뿌려도
신기한 질서 속
제자리를 꼭 지키는 파수꾼

수줍은 빛 하나로
희망을 얘기하는 아이들
땅 위의 작은 거인
빛나는 별처럼
지혜 모아
곱고 착한 마음
나의 친구 하늘나라 친구들……

찔레꽃 1

희디흰 찔레꽃 동산 바라보며 아련한 사연
그녀는 지금도 슬픈 사연 견디며
그곳에 있을까?
후르르 날리는 찔레꽃잎
길섶 찔레꽃 동산 앞에 머뭇거리다가

가슴에 품고 가는 여인의 찔레꽃 동산
발길 옮길 때마다 휘날리며
강물 따라 흐르는 꽃잎 모든 기억을 삼키고

여인의 찔레꽃 이야기
오월이 오면 지천으로 피는 강둑 따라 걷고
찔레꽃 동산 발걸음 멈추게 하던 그 향기
향기에 취했던 기억들

사랑의 여인으로 익어 가는 찔레꽃 향기
늦봄 강물은 수줍은 모습으로 흐르고
강물 안 모든 풍경을 담아 내며
꽃잎을 안고 있다

찔레꽃 2

담장에 동산을 이루며 웃음 짓는 찔레꽃 향기
꽃향기 안고 그렇게 즐겨하고
정답던 식구들은 하나 둘 삶을 찾아 떠났다
언젠가 돌아올 식구를 기다리며
흘러간 세월 속에 시간 따라 쇠퇴해 가는
흙담에 얼굴 내밀고 기린 목이 되어 기다린 세월

처마 밑에 남쪽나라 갔던 제비도
다시 찾지 않는 빈집
마당에 삭은 빨랫줄에 이따금 쉬어 가던
새들에게 받침목 되기도 힘들어 한다

꽃향기는 행여나 식구들 돌아오나
몸단장하고 장미보다 더 진한
향기로 정을 뿌리며 설레는 가슴 달래고 있다
가시 때문에 선뜻 접근하기 힘든 찔레꽃
향기로 유인 지나가는 나그네 빈집을 들추어 보며
잠시나마 향기에 빠져 헤맬 때
저만치 여름은 성큼 깊어만 가고 있다

천주산의 봄

음지의 눈이 채 녹지도 않았는데
계곡 얼음 녹는 소리에 놀라
남풍 불어오는 천주산의 봄 묻어오고
불바다 이루어 피는 진달래 제각기 아픈 사연 안고
모진바람 혹독한 추위 이겨 내며

아직 먼 산 정상에 덮여 있는
만설이 손짓하는데 님 보려나 활짝 웃고 있다
그렇게 사모하는 꽃잎 하나하나가
찢기고 멍들고 퇴색된 얼굴 들지 못해
님이 눈치 챌세라 수줍어하며 아픈 사연 담고 있다

그렇게 기다리고 연민하는 정을
님은 아는지 실바람 스치고
애끓는 심장에 님 담고 싶어 불바다 이룬 진달래
오색 무지갯빛으로 사랑을 갈망하며
터질 것 같은 눈빛 속 슬픈 사연
이슬 맺혀 떨어지며 입맞춤도 못하고 봄날은 간다!

*피로 물든 천주산의 진달래

제 3 부

겨울이 깊으면 봄은 가깝고

대지에 따스한 온기가 저만큼 달려 오고
아랫자락 봄은 한참 후에 한양에 올 것 같다
그래도 앙칼진 추위에도 꽃들은 머리를 내밀고
저 골짜기는 조용히 봄소식을 밀어낸다

둥글리 삶

*둥글리
가족 살아가는 것은
우리가 만들어 내는 것이지요

둥글리
훌륭한 삶을 보고 배워야 한다는 것
삶의 이야기를 듣고 투자한다지요

둥글리
삶의 방법이 중요하고 훌륭한 것
서로서로 이해하고 알아주는 것이지요

둥글리
훌륭한 삶이란 이해 속에 편안한 마음으로
일 나누어 할 때 보람 있는 삶이라 하지요

둥글리
가족 언제나 화목하고 편안하며 희망이 있지요
모두가 부러워하는 둥글리 가족 배운다지요

*둥글리 : 모나지 않고 만족한 삶

고향 편지

어느 날
고향 소식을 한 아름 안고
바람 실은 집배원이 창문을 두들긴다
한 장의 그리운 추억을 담은
아득한 고향 향수
아침이슬 장미꽃처럼 피어나는
긴 사연들
두고 온 추억을 하나하나 꺼내 본다
서릿발 눕히며 뛰어놀던
고향 오솔길 지금쯤 잡초만 무성하겠지

파란 하늘 자락에 누워
바라보던 5월의 푸른 보리밭 길
싱그러운 봄 내음 먹으며
속눈썹 사이로 그 님은 눈을 뜨고
아지랑이 따라가던 님은 돌아오지 않고
실낱같이 잡힐 듯 잡히지 않는
그리운 사연들
늘 고향 편지는 내 기억 속에 잠들고 있네

겨울이 깊으면 봄은 가깝고

성큼
대지에 따스한 온기가 저만큼 달려 오고
아랫자락 봄은 한참 후에 한양에 올 것 같다
그래도 앙칼진 추위에도 꽃들은 머리를 내밀고
저 골짜기는 조용히 봄소식을 밀어낸다

속삭이듯 졸졸 얼음을 녹이는 도랑물 소리
이름 모를 새소리가 물소리에 장단 맞추고
냉이 캐는
처녀 무릎 위를 따사로운 햇살이 엿보고
아지랑이 속에 금방이라도 헤치고 나타날 것 같은
그 님이 환상이 봄바람 속을 스쳐 간다
내 귓전에 꽃 이야기를 속삭이며 지나간다

성난 얼굴로 끝끝내 남아 있던 겨울바람도
미소 짓는 순희 매화꽃 향기에 못 이겨
힐끗힐끗 뒤돌아보며 산모퉁이를 돌아가고 있다

봄 1

봄 그림자
산머리 푸르름이
호수 속 가득
아픈 상처 안고도
천연스레
물안개를 먹고 있다

*심양을 옮겨 놓은 듯
한 폭의 그림
지나가는
아지랑이는
호수 속을
기웃거리며
어루만지고 싶어한다

봄 향기 한 아름 안고
도랑물은
정답게 소근거리며
저 창문을 손짓한다

*심양에 간 천하문장 이태백이 아름다움에 도취되어 시를 쓰지 못했다는 전설

봄 2

잿빛동산
춥고 어두운 겨울 저만치 소리 없이 물러 서 있다
지천으로 피어 있는 개나리 동산

벚꽃 동산 눈부시게 피어 있는 산자락에
복숭아밭 향기 신이 내린 것 같은 계절
노랑 색깔 하얀 색깔 향기에 취해
숨이 멎을 듯 감미로움에 겨워
그대는 넋을 놓고 바라보고 있다

봄은 세상을 향한 축복
그래서 아름답고 더 소중하다
아지랑이 뽀얀 얼굴로 피어 오르는
봄의 들녘도 자연 속에 있다

겨울이 아무리 춥고 어려워도
봄이 올 것을 알기에 참고 견딜 수 있다
그래서 봄에 피는 꽃은 어느 계절에 피는 꽃보다
더 아름답고 소중하다

봄에 돋는 잎새 향기는 사랑스럽다
얼마나 행복한 가슴에 연초록 잎새인가
늦게 알고 깨우친 봄이라서 더욱 봄은 아름답다
당신을 늦게 알게 되어 더욱 소중하고 사랑스럽다
봄에 대한 사랑은 더 뜨겁다
겨울 같은 북풍이 불어와도 봄 같은 내 사랑이 있으니까

고향

고향은
산 너머 고향
내 품속에 있는 고향이라서
"어머니 품속이라 말하리"
그리 먼 데도 이웃같이 두고 온 고향
가슴 아플 때면 남쪽하늘 바라본다
누가 묻거든 고향은 두고 온 텃밭 같은 손길이라고
정든 집
마음 놓아두고 몸만 떠나온 고향
산새도 빈 둥지만 남겨 놓고 떠났을까?
샘 물가에 뛰놀던 동무들 모습
바가지에 물먹던 고향
지금도
물 공기 맑아 옛모습 그대로 있을 테지
언덕에 풀꽃 여기저기 모여 피어 있고
계절 바뀐 길목엔 먼 옛날 까마득
잊을 뻔했던 진달래꽃 순희 머리에 꽂던 추억
눈 감아도 숲 가려도
고향은 또렷하게 보여!

어머니 사랑 1

어제의 아픔이 오늘의 시간 속에 돌고

삶의 굴레 속에 벗어나려는 인간의 모습
희미한 안개 속에 헤매이듯
물방아처럼 맴돌고 있다

하늘과 땅이 맞닿아
맷돌 되어 돌아가는데
허우적대는 속에서
손 흔들며 부르짖는 어머니 절규
헤어진 자식 찾아 헤매인다
뒤돌아선 자식
네놈이 어머니 사랑을 아느냐
매정한 세월 흐른 뒤
새까맣게 탄 마음 뉘우쳐 불러본들
어찌 가슴에 묻은 어머니의 한을
지울 수 있겠냐
무심한 석양 밤안개 속에
쌓인 어머니의 사랑이
자식 마음 실어 보낸다

초가

고향을
떠나 있어도 어머니 품속에서
행복을 먹고 있는 것 같고
옛적에 살았던 초가는
내 가슴속에 살아 있는
그리움인데

산새가 노래하는 뒷산에는
소나무들의 속삭임이 다정했고
진달래 꽃들이 무시로 보금자리를
만들어 주었지

천 리 밖에 두고 온 고향은
늘 마음속에
지니고 다니는 쌈지
초가 마당에 뿌려 놓은 은하수는
스산한 바람과 어울려
달빛을 쓸이 모았던 고향!

갓 강남에서 돌아온 훈풍이 달려와
고향 소식을 묻거든
그날
초가 싸리문에서 눈물지으며
먼 손짓하시는 어머니 음성이라고 대답하리
누군가 묻거든
언젠가는 그리움에 사무쳐
어머니 음성 찾으려 갈 수 있는
싸리문이 있는 초가라고……

고향의 봄

흙 내음 풀 내음
들꽃향기 물씬 풍기는 고향 길
신록과 깊은 계곡은
한 폭의 그림 같다

고향 물속에 비친 계곡
아름다운 산수화처럼 보이고
산수화 새 생명 다시 태어나
사랑도 새 생명처럼 갖게 하는 고향 봄이다

따뜻한 고향 보금자리라고
강산도 난초향기 들고 와 맞아준
학처럼 날고 싶은 고향의 봄
파란 하늘 잔디밭에 뒹굴고

흰 구름에
마음 싣고 꿈 먹은 세계를 상상하는
유년이 그립다

산장

세월바다
흐름을 보듯 반질반질한 자갈들
청산에 흐르는 물소리만 정다이
산장 손짓하며 소리 내어 흐르고
옛 선인 詩 한 수 생각나
읊어 보나
빈 가슴 채우지 못하고
산장마당
창 너머 어제 찾아왔던
달빛이 남기고 간 사연들
벽 마루에 쌓이는데
이제 찾아와 읊는 이도 없으니
무심한 세월이라 아니 할 수 있겠는가

시 한 수 싣고
한 잎의 고운 낙엽 물결 따라
저리도 가는데
다시
고요한 적막 내 안에 맴돌아

태풍 매미의 상처

굽은 허리 펴고 잠시나마
푸른 잔디가 깔려 있는 바다 바라보며
위안으로
언제나 마음은 고향같이 포근한
삶의 터전이 되고
황혼의 색채 띄운 바다가 할머니를 감쌀 땐
긴 한숨으로 하루의 일을 접는다

어느 날
매미의 해일이 마음의 고향인 바다를 모두 삼켜 버렸다
골이 깊은 할머니의 얼굴엔 보이지 않은 깊은 상처가
치유하기엔 너무나 컸다
허리처럼 굽은 세월을 훌훌 털어 버리고 싶으나
이젠 털 기운조차 없다

저만큼 물러앉은 매미는
하늘나라로 보낸 찢긴 마음들
117명 영혼 앞에 말이 없다
자연 앞엔 모두가 그렇게도 순응하는가
힘없는 뒷모습을 돌아보며

쓸고 간 빈 텃밭머리에
억울한 한을 줍고 있다

등 붙일 곳 없는 혹독한 이 겨울
검은 눈물로 주섬주섬 세월을 먹고 있다
급류에 씻겨 간 피붙이들 애달픈 삶마저 싣고 가

오늘도 빈 배만 붙들고 굽은 허리 의지하며
품속에 있는 해일 매미를 끄집어내며 탄식하는 노래!
할머니의 마음은
논두렁 물고 밑에 떠 있는 부평초처럼 떠 있다

아카시아꽃 손 내밀며

오월
어느 날 하얀 가운에 어느 병실로 옮겨졌다
보이지 않은 갈등 속에
긴밤 하얗게 새운 날이 얼마더냐
밤엔 하늘이 촉촉이 적시는 창가에
별들이 찾아와 무수히 떠 있는 동료들을 손짓하며
병실을 감싸고 있다

바쁜 걸음 지나치던 달빛도 수줍은 듯 창문을 열고
반기는 나의 벗! 달빛 붙잡고 얽힌 사연 풀어놓고
보따리 모아 모아온 추억들
수줍은 자태로 해맑게 은하수를 뿌려 놓고
산자락에 하얗게 동산처럼 피어 있는 아카시아 꽃
바라보면
쑥스러운 하얀 손 살며시 내밀어 내 가슴에 들어온다

긴긴밤 밀려오는 통증도 치유하기 힘든
상처를 향기로 감싸고
밤이면 향기 찾아와 나의 벗이 되어
병이 무엇이냐고 묻고는 병은 마음이라고
꽃향기는 내 마음을 어루만지며 향기를 들려준다

큰바람 큰비

큰바람 일고 구름 흘러가더니
장대 같은 빗줄기 쏟아진다
순간 들판 황톳빛 바다가 된다

먹구름 먹어 버린 뇌성 번개
서쪽 저편 번쩍 하늘 찢고
이웃집 담장 무너지는 소리
도랑물이 넘쳐 집까지 올라오고
세상 무너지는 소리 온 동네

해 질 무렵 나는 동생 손 꼭 잡고
산모퉁이를 바라본다
장에 가신 아버님 장터 앞 냇물이 넘실
둑도 흔들린다

앞산
신령
냇물을
다 마셔 버렸으면……

폭설

고요히
잠든 세상 속으로
하얀 눈꽃
눈이 시리도록 달빛 받아 내리네
만인의
빈 곡간을 채울 하얀 쌀눈들이

소복소복 뫼봉처럼
쌓인 봉우리
사이사이 정답게 이어지는 나그넷길
현실은 외로워도
마음은 풍요로운 설원

모락모락 굴뚝 연기
이웃마을 산마을 희미한 연기로 사라지고
빈 가슴으로 채우며
나그네
싵
떠나며 살며시
웃음 짓는 세상

장대비 1

무시無始
원초적이어서
너는 어디를 향해 가느냐
눈길 주지도 않고 가는 놈
그리도 바쁜지

흠뻑 미소 지으며 공주님 창문을 향해
나는 예쁜 꽃 세상을 찾아가지

동물들의 목도 축이고
푸른 초원이 그리워 찾아가지
부딪치고 깨지는 소리
모두들 모였다
저 강가에 저 호수에
흠뻑 지친 몸뚱이들

맑은 미소 잃지 않고 우리는 긴 여행의
아름다운
이야기로 밤을 하얗게 밝혔다

장대비 2

큰바람 몰고 구름 흘러가더니
장대 같은 빗줄기는 우윳빛처럼 쏟아진다
순간 들판은 푸른 바다로 변신하고 있다

먹구름을 타고 온 뇌성 번개
서쪽 한편 은빛 하늘을 가르고
담장이 무너지는 이웃집 비명 소리
항아리가 둥둥 춤을 춘다
온 동리는 시끌벅적 대청소

해 질 무렵
동생 손을 꼭 잡고 동구 밖에
산모퉁이를 바라본다
장에 가신 아버님
장터 앞 냇물이 넘실거릴 때
앞둑도 흔들거리는데
저만치서 어둠을 뚫고
헛기침 하시며 돌아오시는 아버지
우린 안도의 숨소리에 식은 땀이 흐른다

길

힘겹게 걸어온 세월
나는 그이와 함께 되짚어가고 싶다
그때 그 시절을 안고 나는 걷고 싶다

삶의 가치 하나하나마다
즐거웠던 추억을 어루만지며
행복했던 추억들을 다시 꺼내 보며
느끼며 나는 돌아가고 싶다
목타는 사랑 이야기
가슴 시리던 그리움 갈증 나는 기다림에
망부석 서 있는 그곳에
당신을 기다리던 언덕
나는 돌아가고 싶다

그리움과 괴로움까지
함께했던 길
생각하며 다시 걷고 싶다
삶의 빈 수레를 끌고 가는
그 길에서……

두고 온 어머니 정

내
모진 세월 꺾어 들고 당신을 여지없이
갈밭에 내동댕이쳤습니다
뿌리째 흔들었던 내 삶을
그렇게 만들었습니다

내
인생 언저리에 영혼의 겨울나무는
옹이처럼 굳어져 있습니다
칼바람 모진 겨울에도
그 시절 젖값에 양말을 신지 않았습니다

내
맨발로 추위를 이겨야만 가슴의 응어리가
풀릴 것 같았습니다
하늘 끝자락에 매달려 삶을 구걸하던 것이
이제는 그렇게 가슴에 쌓이는
죄인 줄 몰랐습니다

내
무시로 내 가슴을 찢은 아픔입니다
온몸을 떨면서 두 손마저 떨면서
어린 핏덩어리를 보자기에 싸서
추운 겨울 남의 집 앞에 놓고
뒤돌아서 바라보며 오던 그때 그 시절!

내
눈에 밟히고 가슴에 가시 되어 잊으려고
해를 만지고 달을 만지며 빌었습니다
30년 아린 가슴 안고
내 이제 세월 끝 벼랑에 서 있습니다
눈물이 강이 되어 흐르는 곳에 서 있습니다

가는 세월

재촉하며 바쁜 듯
쉬지 않고 가는 세월아 동편 뚫고

오늘도
힘있게 솟는구나
어여쁜 초승달 맞으려
그리도 땀 흘리느냐
만물이 부러워하는 너의 정열
너의 사랑을 먹고
너를 안고 살아간다

탐스런 복숭아 빨간 사과도
너를 안고 싶어 윙크하고
황금 들녘은 너를 베고 눕는다
저만치서 눈썹 닮은
어여쁜 초승달
무수히 쏟아지는 은하수와 함께
연주하며 기다리는데
너도 이제는 수줍어 서편으로 숨는구나

넋새

서해안
갯벌 삼백 리 황량한 수평선으로
거북등 그 모습 드러내고
할머니 이곳을 다녀간 곳
빈
굴뚝 채우기 위해 이등을 밟으며
꼬막 줍던 자리
아픈 가슴 생인손 저려 올 때도
이곳 수평선에서
먼 희망 보았을 것이다
구슬땀 씻으며
그곳은 행복이 있을 테지
찬바람 불어와도
휘어진 허리를 일으켰다
슬피 울며
넋새는 머리 위를 휘감고 스쳐간다
뭍으로 발길을 재촉하는 화급한 소리인데도
참꼬막 향기는 몸을 휘감고
달콤함을 주고 있다

*서해 황금갯벌 유년 시절(하전리 갯벌) 6km

무료 급식 마당에서

밤새워 *통새미채 울어 날 샌 일
어제의 활기찬 걸음걸이가
오늘은 세발 신세가 되는 운명

이른 새벽부터 몰려드는 식사마당
지옥문 앞에 줄줄이 서서
검은 사자의 모습을 보듯
모두가 한이 된 가슴만 안고
지나간 아쉬운 시간들만 씹고 있다

그래도 한 가닥 미련을 버리지 못한 채
움켜쥔 그리움이 힘없이 빠져나간 추억들
속내에 쌓여 있고

힘겨운 시간을 안고 기다리는 모진 목숨
이제는 한숨으로 스며들고
부질없는
고깃덩이만 이끄는 힘겨운 이 아침
앞뜰에 종착역을
남겨 놓고 뒤돌아보는 지난날들

거친 숨소리 내며

그리 정신 없이 쫓아온 세월이건만
텅 빈 들녘에는 바람 소리만 나를 기다릴 뿐
언제쯤인가 번호를 기다리는 호출 소리에
그나마 안도의 숨을 내쉰다

*통새미채 : 전설적 새

고향 3

깊은 밤 홀로 우는 물소리
하늘 높아 어두운 밤길보다 깊은 밤
구름 숨어 흐르는 달빛 따라가다
멈춰선 길엔
흐드러진 달맞이꽃
달 그림자 굽이굽이 고개 너머 저 멀리
강줄기 따라가고
물소리 흘러 향수로 돌아오는데
겨울 고향 나의 집 호롱불 아래
헌
버선을 기우시던
어머니의 초상이 아른거리고
찢겨진 창문에도 아직 달빛 남아 있겠지

멀리 돌아갈 길 남아 있는데
타향에서 바람 실어 보내오는
그리운 목소리

그곳에 가고 싶다

제 4 부

우물 속 초승달

설한풍 칼날 같은
문풍지 소리 어루만지며
문구멍 뚫어 놓고
기린 목 되어 기다리는 할머니

유리컵

세상 부끄럽지 않게
마음까지 드러내 놓은 맑은 마음
힘든 세월 속에 얼마나 닦았으면
저렇게도 투명한 마음일까

어느 순간 부서져 쏟아질지 모르는 그 몸으로

영빈관 만찬에도 나가고
백작부인 손도 맞잡고
만인 앞에 당당히 키스도 하는구나
드러내 놓은 것도 없지만
감춰지지도 않은 청순한 너의 마음
한없이 맑아

금방이라도 깨어져 쏟아질지라도
해맑은 너의 미소
그렇게 맑게 가르침의 고운 마음이여!

별똥의 삶

우주 만경
그렇게 은하수처럼 다정한 삶
부모 형제 뒤로하고
어느 날인가 하늘 울타리를
벗어나게 되는 비운의 별똥
처음이자 마지막으로
크게 하고파 하는 일
한 몸 불태워 세상을 밝혀 보지만
우주 속 초라한
자기의 불빛이 울타리를
떠나고서야 알 것 같은 추락하는
비운의 별똥
"너에 대한 영원히 잊지 못할 빛이여"
이제는
하나의 돌멩이로 또 다른
세상에서 외로이 뒹굴고 있지만
그래도
한때 그대는 아이들에게 새로운 세계로
전설 같은 꿈을 안겨 주었지

공항

선
하나
하늘과 푸른 지평선
맞닿은 곳
나의 동맥 태양처럼
붉은 피로 세계의
하늘을 연다

물결치는 파란 창공 날갯짓으로
수많은 사연 싣고
긴 여정 길을
숙명처럼 떠난다

이별하고 떠나는
기약이야 멀어지지만
아스라한 님 소식에
굉음을 등지고
제비처럼 공항을 떠난다

*하와이 여행길

손수레

이제는
쉬고 싶어요 무거움을 느끼는 걸요
예전만 같지 않아요 비가 오는 날에는
왼팔이 저려 오고 눈이 오는 날이면
오금이 저려 와 두 손 비빈다

몇 강산이 변하도록 그러지 않고
당신과 함께 폭발성 불기둥을 안고
아침이면 뜨락을 걸었지요
헤어진 옷도 수선한 지 얼마 되지 않고
곱지 않은 얼굴이지만
꾸미고 화장도 해 봤지요
흐르는 세월 앞에서 당신의 모습을 비춰 보면

망가진 몸뚱이를 돌아볼 때
그래도 나에겐 생명줄이 되어 준
당신의 밀알이 쌓여서 또
이렇게 초원을 달릴 수 있는 정열로
밝은 창문을 열게 한 빨간 손수레

고향 마당의 초상

소슬바람이 부는 고향 마당
별빛은
머리 위에 쏟아지고
할머니는
별빛을 쓸어 담으며
손주의 발목을 잡아당기셨다

마당에
멍석 깔아 놓고
달빛을 덮고 누워
아이는 별빛을 한 움큼 주워 먹었지
할머니 옛날이야기를 듣던
무서운 호랑이 이야기를 귀담던
꾀 많은 여우이야기

달빛도 기울 무렵이면
별빛은 머리를 떨구고
모깃불 연기 마당 가득 채웠던 고향
까칠한 할머니 메마른 손이

이마에 닿을 때 무시로
사랑의 용선로는 내 마음 달구었다

할머니 사랑 속에
푹 빠진
아이는 감로수 꿈을 먹고
눈 껌벅이며 은하수를 따라
할머니의 안녕을 빌었다

우물 속 초승달

첫닭 울면 버석버석
살얼음 바닥 밟으며

야삼경 정화수 차려 놓고
혜성 바라보며
기원하시는 할머니
포성 소리와 함께 소식이 없어진 자식
이제나저제나 싸리문 열어 놓고

긴긴밤 허옇게 새우며
설한풍 칼날 같은
문풍지 소리 어루만지며
문구멍 뚫어 놓고
기린 목 되어 기다리는 할머니

정화수 그리움 위에
은하수 쏟아지면
아른거리는 자식 얼굴
그리움 안고 끝내 하늘나라로 가셨네

격동 80

낯선 곳이다
이른 새벽
기압 소리 계곡을 울린다
옆방 비명 소리 하늘 높이 통곡하고
살을 찢는 고통 소리 땅은 한숨을 먹는다
善과 惡은 어둠에 빠져 방향을 잃고

언론은 백지로
거리에 날리는 망명 지폐가 되고
실어증 인파는 붉은 물감을 토한다
바보상자는 연일 쉬지 않고
일정한 구호만을 외치고
각본대로 토해 내는 앵무새가 된다

하수인들의
빈
수레는 소리 높여
마네킹만을 만들고 있다

*광주사태 민주화를 부르짖는 젊은이여! 그 죽음이 헛되지 않으리

모母의 정

봄이 오면 종다리 *배풍산 하늘 높이
두견새 보이는 *뫼봉산
늘 푸른 뒷산 소나무 밭
땅거미 지는 줄 모르고
아이들 모여 놀았다
어머니 자식 오지 않는다고
동네방네 찾아다니셨다

놀이에 미친 아이들
동쪽 산 둥근 달 머리에 이고
정신없이 놀던 유년의 기억
숯검댕이 된 어머니 마음인데

자식 보는 순간
노여움 천사 되고
낮은 목소리로 불러주신 모정
가느다란 미소
용 선로처럼 뜨거운 마음으로
가슴 깊이 닿은 정

*배풍산 · 뫼봉산 : 고향 서쪽과 동쪽에 우뚝 솟아 있는 산

그 시절

호롱불 가물거리는 초가 방 뒤 칸
희미한 불빛 아래 낡은 책 한 권 손에 들어온다
꿈을 버리지 못해 그이는 꿈을 싣고 또 하나의
광해를 헤쳐 나갈 배를 타는가

파김치 된 몸을 이끌고 쉼터에 돌아올 땐
허리 굽은 어머니는 어두운 부엌에서
고구마를 챙겨 야식거리를 내 곁에 말없이 놓고
돌아선 어머니 천사 같은 뒷모습
천 길 낭떠러진 곳에서
용솟음치는 힘을 얻게 만드는 어머니!

어머님 계셔서 그나마 내 허기진 곳 메우고
날이 새면 드넓은 들판에 휘어진 허리를
올려가며 성글성글 맺은 땀방울 훔쳐 내며

하루의 일들을 캐고
가난하고 외로운 모습들이지만
그래도 그때만은 때묻지 않은 삶
새 하늘 청순함으로 순수함을 먹고 살았던 그 시절!

고부姑婦의 정

산동네
구멍가게 창문 구멍으로
흘러간 세월이 보인다
이
세월은 고부의 정을 싣고
눈물로 오르고 내린 이 고개 40년!
장에 간 며느리를
오늘도
홀시어머니는 물가에 보내 놓은
아이처럼 기다린다

어느덧 커다란 느티나무 아래도
어둠이 내리고
머리 위에 쏟아지는 별빛을 짊어지고
세월을 헤쳐 온 두 여인
이마에 얹힌 깊은 주름살은 지나간
인고의 세월을 이야기하고 있다

고난을 쪽배에 실어 보낸 고부
두 여인의 집에도 불이 밝혀진다

커피 한 잔

김 피어오르는
차 한 잔 앞에 놓고
바라보며
오고 가는 담소

마음 벽이 무너지고
지옥 속 천사도 나온다
한 잔의 향기 속에서

성문도 열리고 사랑도 피어난다
한 잔의 정
푸른 대지 위에 누워

그려 내는 내 모습 너와 내가
운무 속 심연의 마음들
가지고 돌아와
묶었던 쇠사슬 풀어지는 한 잔의 커피

예식장

첫걸음
음과 양이 서로 만나는 어느 공간
번쩍 플래시 튀고 밀려오는 하객들
축하 속 함박웃음 짓는 시아버지

"어머님" 살아온 뒤안길에는 왠지 어두운 마음
그림자처럼 드리워져 있다
품속을 떠나는 철없는 저것이
그동안 꾸짖던 지난날들 쏟아지는 그리운 정
잘 살아야지……

고개 떨구시고 꽃 장식된 플랫폼 떠나보내시는
마음 흰 구름 되어 걷잡을 수 없이 공허에 뜨고
피아노 행진곡 발걸음 왜 이리 무겁게 보이는지
손 건네준 아버지 눈시울 뜨거워
누가 볼세라 훔쳐 내시고

파도처럼 일렁이는 가슴이지만 가는 미소
두 손 꼭 잡고 체면 지키시는 아버지
축복 속 결합된 한마음 내딛는 황야의 땅 첫걸음!

월드컵 신화神話

빨간 태극 천사들 지축 흔들리고
하늘과 땅 부둥켜 안고
빛고을 보고 있다
무등산 매 하늘로 솟아오르고
피가 끓는 용광로
지구촌 눈들이 한반도로 쏠렸다

저력을 보여 준 온정과 끈기 있는 우리 민족
반만년 역사 속
잠자던 영웅들 4강을 넘고
이제 붉은 태양처럼

일깨워 바다 너머로 이어졌다
목청 터진 응원
오천만!
붉은 악마 앞에
태양도 저만치 물러섰다
세계는 한반도로 빛 고을에서……

*월드컵 4강 진출 빛고을(光州)에서

내 고향 늘 푸른 남쪽바다

내가 살고 있는 남쪽바다
고향은 늘 푸른 바다였지
어느 날인가 공단이란 이름표가 붙더니만
시나브로 굴뚝이 하나 둘 들어서더니
이제는 뭉텅뭉텅 시궁창 같은 욕설을 토해 내는
우직한 굴뚝만 즐비하다

흙 냄새 향기가 짙게 깔리던 신작로에
밤새 뿜은 지옥사자들이 까맣게 싸락눈처럼 쌓인다
그 언젠가 소 몰고 논밭 가는 소리가 귀를 틀어 막아
이제는
웡웡대는 기계 우는 소리와 쇠 깎아 먹는 소리만
들릴 뿐
석돌이와 함께 시냇물에 물장구치며
피라미 잡던 곳 엔진 공장이 들어서고
엔진 소리에 잠을 허옇게 설친다
다 자란 강변 갈대들도 서로 몸을 비벼 대며
옛정에 그리운 가슴만 묻고 우는 달밤
이 겨울 지나면 연초록 새싹들이 봄을 기다리듯

남쪽바다 내 고향에도 옛모습이 오겠지 그리워하며
꿈속에서 몸살로 뒤척이다 불러 본다

내 고향 남쪽바다

*80년대 창원 공업 단지

묘제

동리 어른들 따뜻한 햇빛을 보듬고
양지쪽 쪼그리고 앉아 밝은 담소로
오늘은 바람이 솔찬히 부는디

산모퉁이에 매섭게 부는 바람
소매 끝에 잠재우며 손짓하는 얼굴에는
저마다 깊은 계곡의 그림자 그려져 있고
초롱초롱한 눈매에는 인고의
세월을 이야기하고 그리움만 고여 있다

모질게 지켜 온 뻐꾸기가 울고 있는 고향
햇빛을 비집고 살바람은 한 발 다가와
살며시 웃는다 할머니 살아 계셨더라면
누구 알세라 살며시 저 능금을
왼놈으로 받았을 것을

지하에 계신 할머니 손짓하며
빙그레 웃으시겠지

*왼놈 : 통째로(지방 속어)

- 2002. 3. 22

돌아보고 싶지 않은 세월들

새벽 공기 가르며 지축이 흔들리었던
6.25사변
자고 세면 내 자식
님의 자식 할 것 없이 남녀노소 하나같이
사라지고 다시는 보이지 않았다
할머니 절규는 하늘 끝자락에 닿고
세월은 마음만 부평선에 싣고 떠났다

한 맺힌 세월
하소연 한마디 할 수 없고 마음속에 삭이는
안방 홀할머니 멍울 진 세월 행여나
스치는 바람 소리 붙들고 소식 물어본다
바람은 소리 없이 고개만 살며시 돌린다
얼음덩어리 같은 차가운 한을 가슴에 안은 채
평생 소리 없이 눈물만 훔쳐 내시며
허공만 바라보시던 할머니
돌아오지 않는 자식 기다리며
한평생 한이 되어 문구멍으로
오늘도 싸리문 쪽 바라보시다가
그립고 쓰린 슬픔 가슴에 안고 하늘나라로 가셨다

－2003. 7. 10

성심원

햇살도 요양원을 찾아와
창문을 열고 수줍은 얼굴로
한줄기 따뜻한 미소를 내민다

가을 낙엽 같은
몸이지만 깊은 잠에서
깨어나지 못하고 있다
젊은 날 팔랑거리던 지난날 푸른 잎새이지만

아슬아슬 오늘까지 지탱해 온 백발들
뭔가 주문을 열심히 외우고 있다

바쁜 걸음 같은데 세발에 의지하고
망가진 몸을 부둥켜 안고
맑은 계곡 찾아 조랑조랑 이야기하며

흐르는 물소리는
할머니에게 옛날 이야기를 들려주고
내 모습도 언제 깨지고 부서질지 모르겠다며
물소리는 서둘러 흐르고 있다

소슬바람도 잠시 흐뭇한 몸짓으로 신명나게
할머니 친구가 되어 준다
세월만큼 주름진 이마에 걸터앉아
어루만지며 망가진 몸이
금방이라도 유리병처럼 깨어져 버릴 것 같은
마음을 조심조심 만져 준다

*요양원에서

만학의 길

산학반
별빛도 쉬고 있는 시간
대낮같이 밝은
학실에 열강하는 창작과 학우들
후끈 달아올라 용광로처럼 끓는다

배움의 한
달빛도 사뿐이 걸어와 창문 밖을 기웃거리다
열강하는 모습에 감동만 남기고
소리 없이 돌아간다
암 덩어리처럼 구르던 배움의 한
뼈를 깎는 고달픔 속에서
오직 학업만을 생각하며

쇳덩어리보다
무거운 발걸음이라도
캠퍼스에 옮겨 놓을 때
배움의 굶주림이 스스로 녹는다

고달픈 세월

살다 보면 혼자서 넘기 힘든 세월
시간이 흘러가면 버릴 것도 있는가 하면
또한 남는 것도 있었다
넘기 힘든 세월 앞에 서서
노래했던 옛 추억 뒤안길이 주마등처럼 스쳐만 가고

추억의 언저리에 묻혀 뒤척일 때
희비의 엇갈림이 향수처럼 소리 없이
흘러갔고 매어 있는 이 마음에
소슬바람이 부는 가을을 등에 업고 맴돌며
잔잔한 둑을 홀로 걸으며
억새풀 한 아름 쓸어 안고 밀려오는 고독을
나비처럼 내 마음 날려 보낸다

걷다 보면 찬이슬이 내려와 어깨를 촉촉이 적시고
예전에는 미처 몰랐던 너를 닮은 달빛만이
들 창문 사이로 스며드는데
홀연히 달빛 깔고 누워
마음 달래 주는 시계 소리에 가슴 묻고
고동치는 이 밤도 내 맘 저 달에 새긴다

낙엽 1

어젯밤
무서리와 함께 찾아온
친구는 붉은 치마 입고
긴
여행 준비에 정신이 없다
노란 치마를 입은 동생은 기둥을 안고
아쉬운 듯 맴돌고 있다
기둥만 치거든 어머니는 긴 한숨을 몰아쉬며

뜰엔
철없이 이리저리 뒹구는 애들을 보고
저려 오는 마음 언저리에
파란하늘 머리 언저리에 이고

저것들이
올 겨울
매서운 추위가 온다고 소문이 자자한데
아침 일찍부터 어떤 청년이 뒤뚱뒤뚱
콧노래를 부르며
지천으로 뒹구는

애들을 쓸어 모으고
그 옆에 어떤 무지렁이도
홍얼거리며 부지런히 모으고 있다

내려다보는 어머니
저놈들이 그리도 푸르고 청정하더니만
모두가 이제는 떠난다고 어머니 손을 놓고

애들은 또다시 새봄을 기다리며
젖은 눈으로 어머니를 되돌아본다

낙엽 2

떨림의 마음에 서서 아련히 바라보면
그대는 말없이
미소 짓는 당신의 곁에 기대니
당신의 미등처럼 묻어오는 심장의 고동소리
여운만 남기고 한 잎은
이 밤을 안은 채 간대요

어제 따사로운 입김이 목덜미를 녹였고
아련히 안개비 속에 그대가 감싸이면
따사로운 빛이 되어 포근히 달려가는 당신이
가슴으로 전해 오는 지우지 못할 정만 남기고
그 한 잎처럼 훨훨 새가 되어 간대요

고운 치장을 하고 먼 길 떠날 채비에 젖어버린 자식들
속마음은 언제나 기워도 애태워하면서 말 못하고
눈만 지그시 감고 있는 어머니의 모습
이른 봄 새싹부터 녹음이 가도록 그렇게 아끼고
사랑하시던 어머니인데
너희들을 한잎 한잎 보내는 뒷모습에
마음이 녹아 발등에 떨어진대요

왠지 다시는 못 볼 것 같은 예감에 어머니 속마음
슬픔에 금이 가고
금방이면 돌아올 것 같은 정 그리워하는 자식들
빨강 미소만 남기고 떨어지는 삭풍 가지
끝자락에 따라 행성처럼
새벽이슬 가르며 간대요

■ 작품 해설

인간의 본질을 탐색하는 사랑과 휴머니즘의 美學

-고방규 시인의 세계

姜 永 煥
〈시인 · 평론가〉

I

고방규 시인은 필자가 마산 창신대학 문창과에 몸담고 있을 때 문학에 꽤 심취한 문학도였다고 생각된다. 교실에서나, 캠퍼스에서나, 승용차 속에서나, 어디서나 시간이 나는 대로 시작에 몰두하는 모습을 왕왕 보아왔기 때문이다.

그는 당시 『한국시조문학사』에서 시조시인으로 이미 등단했고, 그 후 『문학예술』 시 장르로 등단하여 '청마 전국백일장' 에 입선, '생활문학' 문화상을 수상할 정도로 열정적인 시인이었다.

II

시인은 푸른 산, 탁 트인 평야, 맑은 여울물이 초원을 적시는 평화로운 농촌인 고창에서 탄생했다. 시인의 아버지는 전형적인 시골 사람으로서 한 평생 고향 고창에서 농사일밖에 모르는 순박한 농부이다. 어머니 역시 부군(夫君)을 도와서 평생을 흙과 더불어 살아온 극히 순수한 농사꾼의 아내일 따름이다. 이러한 환경 속에서 유년 시절을 보내는 동안 시인의 마음속에는 대자연의 영상과 시골의 아름다운 인간미가 투영되고, 서정과 humanitic한 심상이 각인되어, 자연스럽게 그의 잠재의식 속에 시인으로서의 자질이 싹트기 시작된 것이 아닌가 생각된다.

고방규 시인은 이러한 아버지의 내면적 인간미와 어머니의 내밀한 정서적 핏줄로 잉태된 한국의 전형적인 신 서정시인이라 하겠다. 그의 시학적 철학은 자연을 바탕에 깔고 사랑과 연민이 녹아 있는 인간 탐구와 휴머니즘이다. 대체로 이 시집에 수록되어 있는 85 편의 시에는 자연 탐미와 진한 사랑과 연민, 아픔과 일상적 삶의 다양한 모습, 특히 가족에 대한 혈연적 관계와 한정된 시공의 생활을 탈피하고 미지(未知)의 세계에서 시적에너지를 재충전하려는 여행시 등이 주류를 이룬다.

다음 시는 이 시집의 상징적인 표제로 등장하는 「장미꽃 사랑」을 통해 시인의 심상을 표출한 것이다.

내
그렇게 소중하던 당신을
당신 곁에 있어 당신을 보면서
소중한 걸 모르고 살아간 세월

내
당신을 가슴 시리게 사랑하면서
사랑한다는 한마디
벽오동 가지에 띄우지 못한 그 편지

내
무엇이 그렇게 내 가슴을 덮어 놓고
몰래 무거운 색칠을 했었지
파랑새 날아간 뒤 그 알량한 자존심 때문에

내
마음 깊은 곳에 늘 당신이 있었기에
세월에 취해 앞가림을 못했던 지난날들
너무나 가까운 곳을
먼 것처럼 까맣게 잊고 있었던 세월

내
한 송이 장미꽃 빈 가슴에 채우고
안겨 주지 못했지만
마음속 비껴가는 세월 앞길에는
늘 장미꽃이었지

내
당신 그리운 마음 호수에 가득 싣고
장미꽃으로 가득 채워
가슴앓이로 부서지는 삶 속에
오늘도 내게 들리는 당신의 종소리

—「장미꽃 사랑」 전문

님을 향한 애뜻한 연민이 스며 있는 장미꽃 사랑을 목말라 하는 연시다.

한용운의 '군말-서문' 에서 '장미화(薔薇花)' 의 님을 '봄비' 라 한다면 고방규 시인의 장미꽃은 바로 '아내' 임을 직감케한다. 한용운 님의 님은 잃어버린 조국에 대한 뜨거운 사랑으로 충만해 있다면, 고방규 시인의 사랑은 못다 한 아내에 대한 사랑으로 목말라 있다 하겠다.

시인은 살아오는 세월동안 아내에게 '사랑한다' 는 말 한 마디 하지 못하고 잃어버린 시간을 못내 아쉬워

함은 장미꽃 같은 아내의 향기로운 마음과 고통 속에 피어 있는 아내의 아름다운 통증을 함께할 수 없었기 때문이었다. 하여 시인은 더욱더 건잡을 수 없는 후회와 슬픈 사랑으로 부서지는 삶 속에 아내의 푸른 종소리를 늦게나마 귀 기울이고 있는 것이다.

이 외도 시인의 사랑과 연민에 대한 노래는 여러 곳에서 들려온다. 얼음꽃을 깨고 피어오르는 복수꽃처럼 온갖 시련을 극복하고 햇살처럼 피어 웃는 한 떨기 꽃을 상징하는 「사랑이 익어 갈 때」, 사랑 앞에서 어려움은 한낱 눈[雪]과 같은 존재로 시인은 드디어 「첫눈」을 맞이한다. 소리 없이 흐르는 그리움, 그림자처럼 님을 붙잡지 못하는 「첫사랑은 이렇게 떠났다」, 맑은 물 노래처럼 아름답고, 뜨거운 여름처럼 불타고, 푸른 초원처럼 평화로움을 노래하는 「사랑이란」, 내 가슴에는 강물의 노래가 사랑의 피로 흐른다고 표현하고 있는 「당신이 영원한 사랑을 물을 때」 등 숱한 사랑과 연민의 노래가 시 마디마디에 스며 독자의 가슴을 흔들어주고 있다.

다음은 대자연의 순리와 생태계에 대한 시다.

해일은
썩어만 가는 내부를
바닥까지
뒤집었다
반백 년 불치병 체증을

대개혁적인 인사 이동을
단행했기에
고정관념처럼 여기던 그곳
안전한 그곳에만 놀던 광어 도다리

이제는 먼바다로 보내야 했다
윗물에만 떠 있던 숭어는
해일 망치바람에 뭍으로 올라와

나이트클럽 밴드 맨 무대까지 출연하여
한바탕 기타를 튕기며
춤을 춘다

아픔을 안고 통곡의 비명은 곳곳에
아우성쳤다
뭍으로 인사 이동된 숭어는
적응되지 않아 숨쉬기 힘들어
허섭스레기 되고

언젠가는 민중 같은 해일이
한 번쯤 일어설 줄 알았다
참된 가르침이여

—「태풍 매미」 전문

위 시에서 자연은 아름다움이나 평화로움을 추구하지 않는다. 이 시에서 자연은 부단히 변화하고 움직이면서 무엇인가 인간의 사악한 일에 경고와 반환을 꾀하고 있는 것처럼 보인다. 과거의 자연과 판이한 낯선 자연이다. 그것은 역설적으로 인간의 무책임한 행위에 대하여 근원적 파피를 자행함으로써 혼돈을 통하여 자연이 인간과 우정을 나누는 친근한 협력자가 되고자 하는 것인지도 모른다. 시인은 「태풍 매미」를 통해서 인간의 자성을 촉구하고 있다.

봄 그림자
산머리 푸르름이
호수 속 가득
아픈 상처 안고도
천연스레
물안개를 먹고 있다

심양을 옮겨 놓은 듯

한 폭의 그림
지나가는
아지랑이는
호수 속을
기웃거리며
어루만지고 싶어한다

봄 향기 한 아름 안고
도랑물은
정답게 소근거리며
저 창문을 손짓한다

—「봄 1」 전문

위의 「태풍 매미」와는 극히 대조되는 시다. 급속히 발전하는 과학문명 속에서 자연은 인간의 고독과 갈등을 극복해 주며 위무해 주는 필수적 요인이 되고 있다. 따라서 자연의 아름다움, 순리, 인간과 어우러지는 생명의 원동력, 이런 것들에 대해 시인이 지극히 매료된다.

시인은 대자연을 아름다운 언어로 화폭에 덧칠을 하면서 봄 그림자, 산머리 푸르름, 유리알 같은 호수, 물안개, 아지랑이, 개울물 등의 시어를 통하여 봄을 맞이하고 있다. 간결하고 응축된 시어로서 미세한 대상을 그림에 잘 담아내고 있다.

위의 시 외도 긴 처마 끝에서 밤새 들려오는 태고의 울음소리 「봄비」, 햇빛을 걸치고 노래하는 산새들, 솔밭의 정겨운 이야기들, 무지갯빛에 화장한 봄바람을 노래하는 「신록」 등 자연의 노래는 끝없이 전개된다.

시인의 노래는 이러한 대자연의 숨결이 바탕으로 이루어져 있음은 화두에서 이미 언급한 바 있다.

다음 시들은 사모곡을 비롯하여 가족과 여행 등에 관련된 시들이다.

어제의 아픔이 오늘의 시간 속에 돌고

삶의 굴레 속에 벗어나려는 인간의 모습
희미한 안개 속에 헤매이듯
물방아처럼 맴돌고 있다

하늘과 땅이 맞닿아
맷돌 되어 돌아가는네
허우적대는 속에서
손 흔들며 부르짖는 어머니 절규
헤어진 자식 찾아 헤매인다

뒤돌아선 자식
네놈이 어머니 사랑을 아느냐
매정한 세월 흐른 뒤
새까맣게 탄 마음 뉘우쳐 불러본들
어찌 가슴에 묻은 어머니의 한을
지울 수 있겠냐
무심한 석양 밤안개 속에
쌓인 어머니의 사랑이
자식 마음 실어 보낸다

–「어머니 사랑 1」 전문

위의 시는 시인이 어머니에 대한 절실한 사모곡이다. 여기서 시인이 애타게 부르고 있는 어머니는 어쩌면 모든 사람의 어머니이기도 하다. 그렇기 때문에 더욱더 공감대가 형성되는 부분이기도 하다. 산과 바다가 대자연의 원초적, 원시적 모체(母體)라고 한다면 어머니는 모든 인간에 대해서 가장 원형적인 존재이다. 이것은 비단 인간의 문제만이 아니라 동물에까지 접근되는 본능적 문제이다.

"허우적대는 속에서/ 손 흔들며 부르짖는 어머니 절규/ 헤어진 자식 찾아 헤매인다/ 뒤돌아선 자식/ 네놈이 어머니 사랑을 아느냐/ 매정한 세월 흐른 뒤/ 새까맣게 탄 마음 뉘우쳐 불러본들/ 어찌 가슴에 묻은 어머니의 한을/ 지울 수 있겠냐"

어머니의 자식에 대한 사랑이 계곡처럼 깊고 산처럼 높음을 자식이 어찌 헤아릴 수가 있을까. 어머니의 피맺힌 자식에 대한 절규를 어찌 이해할 수 있을까. 지난 세월 못다 한 어머니에 대한 효도를 아쉬워하면서 지금 이 순간 시인은 노을 지는 밤안개 속에서 어머니를 흠모하며 눈물짓고 있다.

특히 「초가(草家)」는 고향을 떠나 쓸쓸한 타향에서 외롭게 아들을 생각하는 어머니를 생각하는 효심은 마치 서포 김만중이 어머니를 기리며 쓴 구운몽(九雲夢)과 같은 아픔을 담았다 하겠다. 모나지 않고 만족한 삶을 상징하는 가족의 소중함을, 일깨워주는 「둥글리 삶」, 새벽이슬 장미꽃처럼 피어나는 「고향 편지」, 한국전쟁 당시 세월의 아픔을 절규하는 「돌아보고 싶지 않은 세월」, 포성 소리에 싸리문 열어 놓고 기다리시는 할머니의 한을 노래한 「우물 속 초승달」 등 어머니에 대한 사랑과 함께 혈연으로 이어진 가족의 끈끈한 정을 다시 한번 되새겨 볼만한 인간의 냄새가 나는 시구(詩句)들이다. 시인의 인간적인 휴머니즘을 면면이 엿볼 수 있는 대목이다.

III

고대로부터 오늘날까지 문학의 장르에서 가장 지속적으로 다루어진 테마는 사랑이다. 그것은 지극히 자연스런 일인 동시에 당연한 일이라고 해야 한다. 사랑이란 동일성의 발견이며 동일성의 열망이기 때문이다. 즉 어떤 경우에도 자아와 자아를 둘러싸고 있는 외부적 세계와의 합일을 꿈꾸지 않은 사랑은 없는 것이다.

시인은 특히 인간을 비롯하여 자연이나 심지어 사물에까지 자아(自我)를 통하여 사랑을 발견하려는 갈망이 유별나다. 이것은 시인이 원천적으로 소유하고 있는 서정적 자아로부터 시작되는 융화와 회귀의 욕망이라고 해야 할 것이다.

물질만능과 기계주의가 압도하는 이 시대에 앞으로 계속하여 인간의 탐구와 특히 그 안에 내재되어 있는 본능적 사랑이나 휴머니즘의 연구에 큰 관심을 가져 줄 것을 부탁하며 처녀 시집 출간을 진심으로 축하한다.

다음 시집에는 새로운 모습으로 더욱 고민한 빛이 역력함을 볼 수 있도록 노력해 주길 바란다. 거듭 『장미꽃 사랑』의 첫 시집 출간을 축하한다.

前 창신대 문창과 겸임교수 姜永煥

고방규 시집
장미꽃 사랑

초판 발행 2005년 6 월 13일
2쇄 발행 2023년 10월 20일

지은이 | 고방규
펴낸이 | 김효열
편 집 | 이미정

펴낸곳 | **을지출판공사**

등록번호 | 1985 년 2월 14일 제 2-741호
주 소 | 서울시 마포구 양화진길 41, 603호
우편번호 | 04083
대표전화 | 02-334-4050
팩시밀리 | 02-334-4010
전자우편 | ejp4050@hanmail.net

값 15,000원

ISBN 978-89-7566-234-8 03810